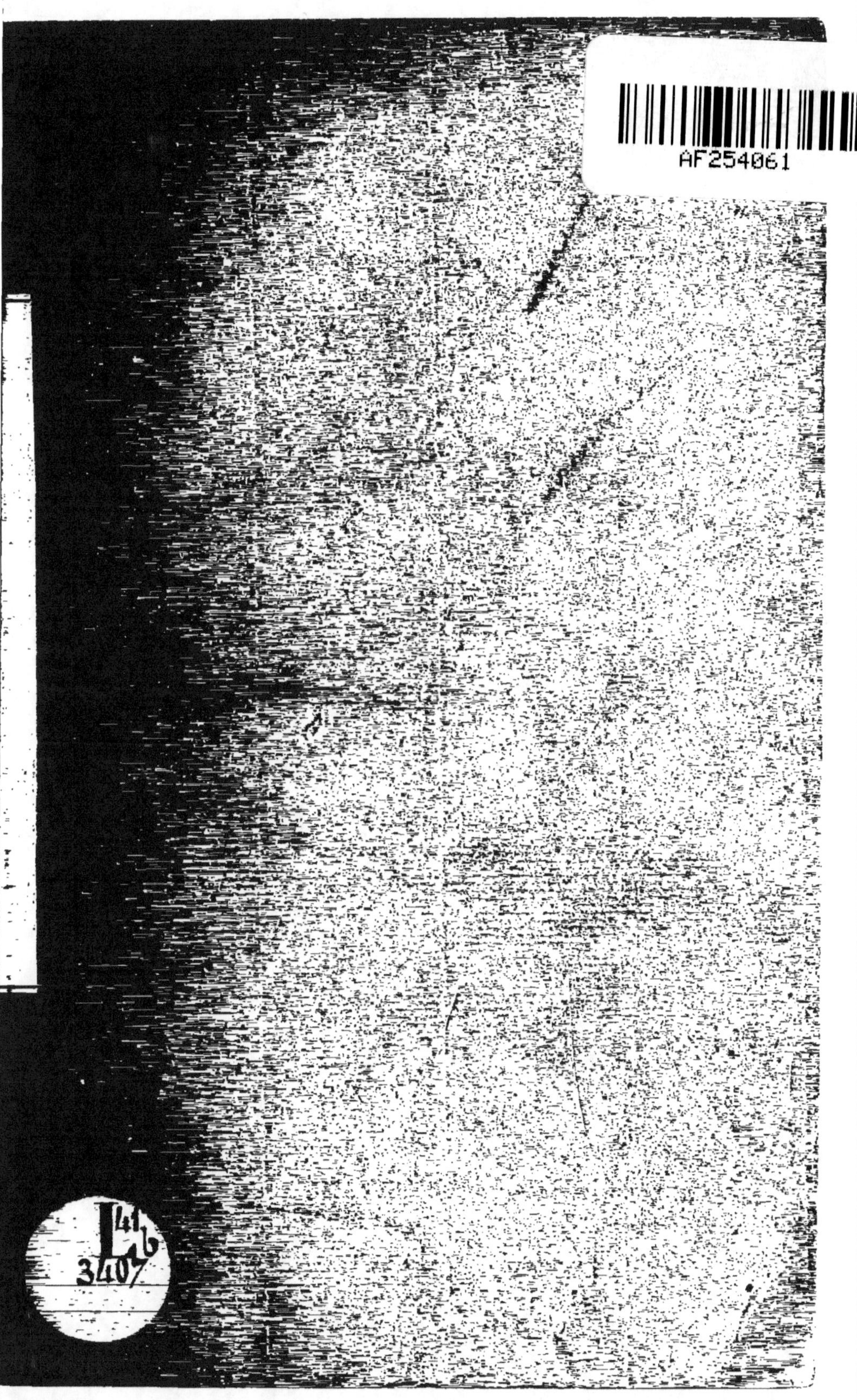
AF254061
141 6
3407

# MÉMOIRE AU ROI,

## SUR

# L'IMPOSTURE

## ET

# LE FAUX MATÉRIEL

## DE LA CONCIERGERIE.

A Paris. — Imprimerie L. BOUCHARD,
Rue des Petites-Écuries, n. 47.

# MÉMOIRE AU ROI

## SUR

# L'IMPOSTURE

## ET

# LE FAUX MATÉRIEL

## DE LA CONCIERGERIE.

PAR L'AUTEUR DES MÉMOIRES SECRETS ET UNIVERSELS DE LA REINE DE FRANCE.

« En ce temps-là, nous n'avions pas l'honneur de le connaître ».
( RÉCIT EXACT DE L'ANCIENNE CONCIERGE DE LA REINE, publié en 1817. )

# A PARIS,

Chez
PICHARD, Libraire, Quai Conti, N°. 5;
PELICIER, Place du Palais-Royal;
PETIT,
DENTU,
PONTHIEU,
GARNIER,
Libraires au Palais-Royal;
AUDOT, Rue des Maçons-Sorbonne, N°. 11.

## 1825.

# AVANT-PROPOS,

## DESTINÉ AU PUBLIC SEULEMENT.

———

Ma Brochure intitulée *La Fausse Commu-nion de la Reine, soutenue au moyen d'un Faux,* (publiée chez Audot, rue des Maçons-Sor-bonne), a rapporté la Lettre d'une Dame de la Cour, contraire à un pareil récit. M. Michaud l'aîné, dans sa *Quotidienne*, déclara, peu de temps après, (Et ce fut sûrement par erreur), *que cette lettre jamais n'était venue à sa connaissance.* MM. ses collaborateurs, au contraire, répondaient à plusieurs personnes dignes d'attention « que cette lettre » existait, mais que pour le moment, elle » était égarée. »

Ma RÉCLAMATION sur un point aussi essentiel, ayant été oubliée par M. Michaud, je dois à ma réputation d'historien sincère et vrai de déclarer ici, à mon tour, que cette Lettre judicieuse a long-temps été conservée par l'ancien éditeur-responsable, feu Léopold Colin; et qu'elle est, depuis sa mort, au pouvoir d'un de MM. les rédacteurs. Au surplus, je prie, avec respect, la DAME qui l'a écrite, de ne plus se dérober, ( pour sa gloire), sous le voile de l'anonyme et de l'incognito.

Ce n'est pas que ma discussion réclame cet honorable appui : La démonstration qu'on va lire est assez puissante, contre un adversaire déjà vaincu dans l'opinion.

# MÉMOIRE AU ROI,



## SUR

## L'IMPOSTURE

### ET

# LE FAUX MATÉRIEL

## DE LA CONCIERGERIE.

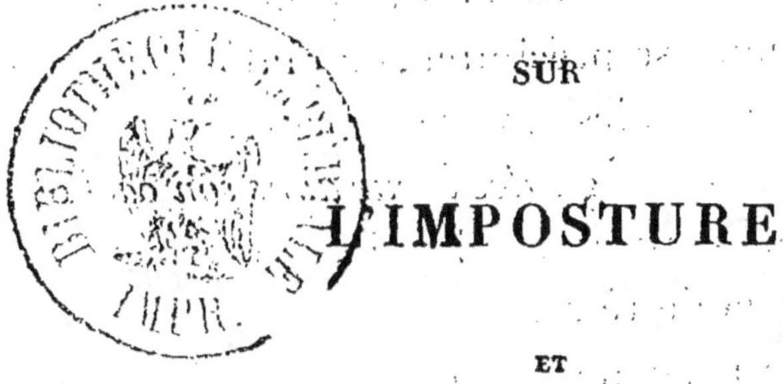

## SIRE,

UN grand crime a été commis. Deux fourbes adroits, revêtus du manteau de la religion, de la bienfaisance et de la charité, se sont présentés, en des temps affreux, aux familles compatissantes et fidèles, et leur ont demandé, pour Marie-Antoinette opprimée et captive, tous les secours que réclamait une si lamentable adversité.

A cet appel, hypocrite et fallacieux, les entrailles se sont émues, les larmes ont coulé. Toutes les privations ont paru délectables ; les sacrifices de tout genre se sont multipliés. Les offrandes respectueuses de la douleur sont venues se précipiter, ou plutôt s'engloutir dans les mains avides que je signale : et l'infortunée Reine de France, *gardée à vue dans son cachot*, n'en a pas moins souffert les horribles tourmens de l'abandon et de la détresse.

Rosalie, cette personne ingénue et modeste, que la providence plaça, pour ainsi dire, de sa propre main, dans les sépulcres vivans de la conciergerie, et qui, durant soixante et seize jours, servit avec tendresse et respect la Fille des Empereurs et des Rois (1) : Rosalie, qui a vu de si près et chaque jour l'entier dénûment de la Princesse, atteste, les larmes aux yeux, que l'auguste Captive jamais ne reçut aucun soulagement, jamais ne reçut aucun secours. L'étroit espace du cachot, (visité, fouillé à toutes les heures) atteste lui-même à son tour, que les prétendus supplémens apportés et fournis à la Reine, n'ayant pu être ni recouverts, ni cachés, ces chimériques adoucissemens n'eurent jamais lieu.

Votre Majesté a vu cette démonstration et ces affligeans détails dans mes *Mémoires Universels de la Reine*. Vous les avez lus, Sire, dès le mois de mai 1824, avant le feu Roi lui-même, avant tous les autres Français.

---

(1) Rosalie est reconnue par MM. les avocats et médecins de cette triste époque, par une foule de détenus de ce même temps, et par la fille du concierge, établie à Montfort-l'Amaury.

Équitable et judicieux en toutes choses, vous avez pesé le mérite des divers témoins qui figurent avec sincérité dans mon ouvrage ; vous avez, au contraire, remarqué les anacronysmes ignorans, les bévues, les erreurs, les folles contradictions de l'imposteur que j'ai démasqué. D'autre part, vous n'avez point perdu de vue l'active surveillance, l'horible contrainte, la persécution, l'obsession qui, nuit et jour, environnaient la Veuve du Monarque. Vous avez entendu cette Victime illustre s'écriant du fond des tombeaux, que, toutes facilités, toutes communications lui ayant été ravies sans miséricorde, elle s'était CONFESSÉE A DIEU SEUL.

Une si touchante et si auguste déclaration, ( que le temps et les meurtriers eux-mêmes ont respectée ) que tous les cœurs honnêtes vénèrent, aujourd'hui, comme sacrée et miraculeuse, paraît *inconvenante*, *dangereuse*, *répréhensible* ( 1 ) au curé de Saint-Germain l'Auxerrois !...

Ne pouvant se résoudre à s'avouer faussaire, spoliateur et imposteur, il prend fièrement le parti d'accuser de mensonge et de tergiversation le Testament de mort de notre Reine !!!

Sire, il est temps qu'un si pernicieux scandale soit effacé du nombre des scandales publics. Si mon livre a injustement attaqué un homme de bien, si j'ai con-

---

( 1 ). *Mémoires secrets et universels de la Reine de France.*

tristé, humilié, méchamment découragé le *généreux Consolateur* de Marie-Antoinette, ma qualité d'Historien et d'Homme de lettres ne doit pas être pour moi un titre et un refuge : il faut que je sois jugé, admonété, sévèrement puni. Si tous mes témoins ( encore vivans ) se sont prétés à des combinaisons d'intérêt quelconque, à des moyens d'intrigue et de diffamation, ils doivent être reconnus mes complices et châtiés comme faux-témoins,

Mais si le sieur MAGNIN et sa gouvernante impie, ont abusé témérairement du Nom respectable de la Reine, et de la crédule confiance des gens de bien, surpris et dépouillés par ces deux larrons, il faut que justice soit faite, et que leur exemple avertisse, une fois pour toutes, ces spéculateurs effrontés, que les grandes tribulations humaines réjouissent, parce que leur industrie sait transformer en pierreries et en pièces d'or toutes les tristes larmes des malheureux.

Dans ma brochure, intitulée *la Fausse Communion de la Reine*, j'ai accusé le sieur Magnin d'avoir commis UN FAUX MATÉRIEL ; oui, un FAUX, puisque son audace portée au comble ose attribuer, AUJOURD'HUI, à la défunte concierge, une Attestation formelle et péremptoire.... tandis qu'il est de fait que, j'usqu'à son dernier soupir, cette veuve octogénaire a nié, par ses discours, par ses actions, par son RÉCIT IMPRIMÉ et distribué à la cour, la prétendue confession et communion de la Conciergerie.

La preuve de ce FAUX MATÉRIEL est acquise ; VOTRE

Majesté, les Tribunaux, la France entière ne pourront la voir sans surprise et sans indignation. C'est alors que l'on apprendra de quoi la passion de l'or est capable sur les cœurs qui en font leur idole et leur dieu.

Un faux de cette importance, commis par un homme qui se compare aux apôtres et presqu'aux martyrs, est un monstrueux attentat ; un attentat où nous voyons tous le double crime de *sacrilège et de Lèze-Majesté.* N'était-ce point assez de toutes les calomnies que la plus aimable des Reines eut à souffrir de son vivant !... Fallait-il qu'un hypocrite et une intrigante vinssent la calomnier, la braver encore dans la triste nuit du tombeau !!!

Sire, grâces à la molle indifférence qui, trop longtemps, a toléré de pareils excès, les confesseurs *héroïques* de la Reine se sont multipliés au milieu de nous ; En voici déjà quatre de solennisés et de reconnus. Le clergé, honnête et pur, gémit de ce désordre, qu'il n'a probablement pas la force de réprimer, et dont le blâme ou l'injuste défaveur retombe sur des hommes vertueux, bons et sincères.

L'abbé de Saint-Maur, ainsi que je l'ai dit dans les *Mémoires de la Reine*, a long-temps joui, pour le fait de *la Confession au Cachot*, des généreux égards et de l'entière considération des familles. Celui-là avait choisi pour théâtre et pour domaine le vaste faubourg Saint-Germain.

L'abbé Lotzingerr, ancien chapelain du Palais, a

joui d'une semblable estime et considération, dans le fond de l'Alsace, sa patrie, où il s'était retiré durant l'excès de la terreur. Votre Majesté a pu voir, parmi les Notices Historiques, jointes au *fac-similé* du Testament Royal, ( que le libraire Audot fit paraître, en 1817 ) l'officielle Attestation d'un juge de paix Flamand, envoyée, sur ce point, au ministre comteDecases, et transmise par ce ministre au libraire éditeur Audot, qui l'inséra.

Labbé Lotzingerr ne se contentait pas de persuader aux bons Alsaciens (occupés au milieu de leurs forges), qu'il avait eu l'honneur de confesser la Reine dans son cachot: il allait jusqu'à leur soutenir qu'il l'avait, de sa personne, accompagnée publiquement et conduite à l'autel du sacrifice et de la mort... Tandis que tout Paris put contempler, avec effroi, le curé-jureur de Saint-Landry ( François Girard ) assis auprès de la noble Victime, qui repoussait et sa présence et ses dérisoires consolations. Tous les livres, tous les journaux du temps l'avaient nommé par son nom, et désigné par sa stature et par son âge, cet abbé Girard, petit homme, déjà flétri sous les années: Et Lotzingerr, homme jeune, puissant et vigoureux, ne balança pas à s'emparer de son personnage et de son rôle.

Ce n'est pas tout. Un sieur d'Esquirou, Curé de la Mothe-Beuvron, en 1815, et aujourd'hui Curé de Meung, près d'Orléans, se donne, en ce pays-là, depuis vingt années, pour le *confesseur de Marie-Antoinette*, au cachot. Cet individu, ( qui fut admis à l'honneur de haranguer M. le Dauphin et la Princesse son épouse , le 28 février 1815 ( devant ses nombreux paroissiens ) sut rappeler , dans son discours , « l'important et courageux service rendu par lui, en quatre-vingt-treize , à la Veuve de son Roi , tombée au pouvoir des séditieux ; et la *Quotidienne* du 6 mars suivant , nous apprit « avec quelle effusion , avec quelle « tendresse S. A. R. avait remercié ce *digne Pasteur,* « aussi modeste que généreux (1). »

Le sieur Magnin , malgré les trois précurseurs *héroïques*, introduits, admis chez la Reine , arrive avec fracas sur leurs brisées , et, taxant leur apostolat de

---

(1) *Extrait de* la Quotidienne, *N°*. 65, ( 6 *mars* 1815 ).

« A la Motthe-Beuvron, petite commune de Loir-et-Cher,
» MADAME et Monseigneur le Duc d'Angoulême ont trouvé,
» le 28 février, ( jour du débarquement de Bonaparte ), un
» Arc de triomphe, préparé par les habitans, qui ont mon-
» tré le plus vif enthousiasme. M. d'Esquirou, Curé du lieu,
» s'est rendu leur organe auprès de MADAME. S. A. R. l'a
» accueilli avec la plus touchante bonté. Elle s'est rappelé
» que ce vénérable ecclésiastique ÉTAIT CELUI qui, dans la
» conciergerie, avait eu le bonheur de procurer à la Reine
» les consolations spirituelles, et elle lui a témoigné sa sen-
» sibilité pour cet acte de dévouement.

» M. d'Esquirou, convaincu d'avoir favorisé les émigrés,
» fut condamné, en septembre 1795, à cinq années de fers.
» Ce fut dans ce temps qu'il vit la Reine, *la confessa* , et
» partit en octobre suivant. Il alla remplir, aux galères, le
» glorieux rôle de l'Honnête-Criminel. «

mensonge, se déclare et se proclame, lui, le seul et
véritable *consolateur*. Lui seul a compté pour rien la
persécution de Dioclétien et du Prétoire. Annoncé
par sa confidente, fille inconnue, présenté par la demoiselle Fouché, fille sans extérieur, sans grâces,
sans élocution, sans recommandations d'aucune espèce,
il ouvre avec sa clé d'or, les portes, les guichets, les
grilles les mieux fermées. Il séduit, avec l'argent de
plusieurs familles imposées, les canonniers farouches
de la Convention ; les gendarmes accumulés dans la
cour du palais de justice ; les trois porte-clés du grand
vestibule; les trois porte-clés échelonnés sur le cor-
ridor noir; les nombreux administrateurs de police,
factieux furibonds, solidaires ET PERMANENTS ; le concierge Richard et sa méfiante épouse ; les deux gendarmes stationnaires du cachot, et probablement
aussi la femme Arel, *inséparable et continuelle* ob-
servatrice de ces gendarmes : car sans le consentement
de cette Euménide, tous les antécédans devenaient des
frais hasardés et perdus.

Après la disgrâce de Richard, de son épouse et de
leur fils aîné, jetés en divers cachots de la capitale
*pour n'avoir pas empêché l'introduction de l'œillet*,
le sieur Magnin et sa gouvernante savent trouver la
même condescendance, les mêmes facilités auprès du
nouveau concierge Lebeau. Sous Richard, la Princesse,
effrayée de l'imprudence de *Rougeville*, n'avait osé
lui adresser ni une parole, ni un regard, quoique la
probité du marquis lui fût depuis long-temps connue...

et trois jours après, sous le nouveau règne, elle accueille une fille *inconnue*, et un prêtre *inconnu*, qui n'a pas même le costume de son état! elle accepte, sans autre examen, leurs libéralités, inutiles, évidentes et conséquemment dangereuses!... elle se plaint à eux ( DEVANT LES GENDARMES ) de la modicité de sa nourriture et de la rudesse de ses persécuteurs!... Elle se confesse (sans nécessité) à un homme qui, du bout des lèvres, lui prouve qu'il n'est pas de la secte *des jureurs*,... elle se confesse une fois! deux fois! trois fois!;... elle autorise une messe, dans les formes; elle entend cette longue messe, sans aucune crainte de LA POLICE, qu'elle sait en permanence et en embuscade dans la prison!;... elle communie *en viatique*, c'est-à-dire vers les minuit: (l'heure, précisément, de Fouquier-Tinville)!... elle voit, sans étonnement, communier ses deux affreux gendarmes, et partage ensuite avec eux, avec le pasteur, avec la femme Arel, AVEC LA GOUVERNANTE Fouché, un repas *fraternel*, « semblable, » nous dit M. de Sévelinges, « à l'agappe des premiers chrétiens »...

Sire, un récit de cette nature est un excès, que le simple bon sens repousse et répudie : Et l'homme qui se le permet avec tant de persévérance, outrage la sagesse humaine, outrage la religion, et fait insulte à la noble raison de votre Majesté.

A-t-il permis les confessions et la communion de la Reine ce timide Richard, qui se précipita du haut d'une tour, parce qu'un prisonnier, rompant les toitures, s'était soustrait aux fers des tyrans?

A-t-il permis les visites, les fournitures, les confessions et la communion du sieur Magnin, ce concierge Lebeau, qui, malgré sa pitié intérieure pour la Reine, dit, en la voyant *sortir* du palais : *Que Dieu lui fasse miséricorde !...* MAIS VOILA UNE CRUELLE ÉPINE OTÉE DE MON DOIGT !

A-t-elle permis ces entrevues mystérieuses, ces conversations plaintives, ces fournitures d'alimens et de vêtemens, cette messe d'agonie et cette communion, la femme Arel, qui, les yeux en courroux, imposa silence au garçon vitrier, légèrement questionné par la Reine ! (1)

_______________

(1) *Déclaration du sieur Orens, ancien vitrier, habitant de Paris, près la cour de la Sainte-Chapelle. ( Ce bon et honnête homme est âgé d'environ soixante ans. )*

« Dans les premiers jours du mois d'août 1793, un porte-clé de la conciergerie vint me chercher, comme étant le vitrier de la prison et du palais. Il me commanda, de la part du geôlier, d'apporter deux carreaux de vitre de moyenne grandeur, et de le suivre à la minute.

» Arrivé dans le grand vestibule, où j'appris qu'on allait me mener chez la Reine, j'éprouvai un saisissement de compassion, et je laissai là mon chapeau, afin de pouvoir me présenter avec plus de respect.

» En entrant dans le cachot, qui était une petite chambre basse, d'environ 14 pieds en tout sens, je vis la Reine, qui, les yeux baissés sur son ouvrage, était assise, en avant de son lit. Deux gendarmes, avec sabre et mousquet, étaient dans l'angle opposé, la face tournée vers la princesse ; et une

Ont-ils donné les mains à cette aventure religieuse et invraisemblable les deux gendarmes inflexibles qui dénoncèrent, *à l'instant même*, le bon Michonis et l'officier porteur de l'œillet; ont-ils communié *dévotement et miraculeusement* ce Duffrêne, ce Gilbert qui fumaient, du matin au soir, dans la cellule d'une Captive délicate; qui se permettaient les discours les plus déhontés devant leur Souveraine, fille des Empereurs; qui la chargèrent cruellement devant ses juges, et reçurent aussitôt les épaulettes d'officier, promises à leur félonie !...

---

femme ordinaire, assise entre la chaise de la Reine et la porte, se mit à me regarder attentivement.

« Comme je posais mon premier carreau dans l'un des vitrages, une harpe se fit entendre vers les étages élevés de la prison. Sa Majesté, suspendant son travail, écouta l'instrument, qui me parut lui plaire. « Monsieur le vitrier, » me dit alors cette grande princesse, croyez-vous que les » sons de harpe qu'on entend viennent de quelque pri-» sonnière ? »

« — *Madame*, répondis-je aussitôt, *la personne qui joue* » *de cet instrument ne dépend pas de la prison, c'est la fille* » *d'un des greffiers....* » J'allais ajouter *d'un des Tribunaux de la Seine*, mais la femme Arel, prenant son regard irrité, me fit un signe de commandement, qui me contraignit au silence.

» La princesse comprit sur mon visage ce qu'on venait de m'ordonner. Elle n'ajouta aucune parole, et baissa les yeux. »

2.

A-t-il ressenti, en ces temps affreux, le noble courage d'aborder LA FOSSE AUX LIONS, ce tortueux falsificateur, qui n'ose répondre, aujourd'hui, ni à la Biographie accusatrice, ni au *Récit exact* de la veuve Lebeau, ni à mes lettres du Mentor, ni aux *Mémoires Universels de la Reine*, ni à *la Fausse Communion*, ni aux sarcasmes réitérés du public et des journalistes !

Son égoïsme, remplaçant l'honneur, lui a fait désirer vivement l'intervention et même l'appui de l'Autorité Souveraine... mais le suprême pouvoir, toujours équitable, lui a répondu : « *qu'il existait des tribunaux* ».

Au lieu d'y recourir à ces tribunaux tutélaires, il s'est ressouvenu que le célèbre Desrues, autrefois, dans l'église Saint-Louis de Versailles, prit à témoin Jésus crucifié: Imitant et copiant ce Desrues, il a pris la parole, aussi, devant le Tabernacle, et s'est comparé sans autre préambule, « A JÉSUS-CHRIT PERSÉCUTÉ ».

On l'a vu rougir, toutefois, au milieu de cette hyperbole sacrilège; et son auditoire, muet de surprise, a pâli d'effroi.

Depuis le premier et lâche mensonge relatif au malheur de la conciergerie, tous les mensonges possibles lui sont devenus familiers; il n'existe plus désormais que pour tromper et pour mentir. S'il lance des Relations apologétiques et romanesques dans le vaste champ de la librairie, il y attache frauduleusement le nom de feu *Montjoye*, ou le nom étranger du feu *Comte Robiano*. S'il place ( dans son intérêt ) au milieu du cachot d'Antoinette, le tableau menteur de la Communion, il met cet *ex-voto* sur le compte de l'ancien Préfet de Police, tandis qu'il a, *lui-même,* commandé et dirigé ce tableau. Si plus tard, il paraît une *Lythographie, Armoiriée*, de ce mensonge, le public l'attribue au zèle de deux jeunes artistes... tandis que cette dépense est l'œuvre du sieur Magnin. Caché derrière son paravent, le voilà qui loge et retient dans un presbytère, la demoiselle Fouché, sa complice et sa commensale. Il n'agit, nous dit-il, en cela, que par bienveillance, PAR ESTIME... tandis qu'il ne la tient en charte privée, que pour l'empêcher de *divaguer* ailleurs. Les égards qu'il prodigue, au bout de trente ans, à cette dangereuse compagne le gênent, le navrent, le désespèrent : il ne sera tranquille, ou demi-tranquille, que lorsqu'elle sera descendue chez les morts.

Sire, le jugement solennel que je sollicite de votre justice éclairera ce ténébreux dédale d'intrigues, cet impur cahos d'iniquités. L'opinion publique, fortement émue, désire un éclaircissement vengeur. La saine morale l'invoque et le réclame à son tour. La gloire de la Reine y est fortement intéressée, car si le sieur Magnin, ses trois compétiteurs et la demoiselle Fouché parviennent à établir, comme fait positif, que la Princesse mourante a biaisé dans un Article de son Testament, ils sappent, d'un seul et même coup, la noble Justification de la Victime. Les cruels ennemis de la Reine, confus mais agissans, vivent encore en assez grand nombre, et leur malignité savoure le mensonge du sieur Magnin et de sa gouvernante, comme les autorisant à déclarer, eux-mêmes « Que TOUT, dans le Testament Royal, fut combiné par l'esprit d'une Femme habile, qui se défendait encore après sa juste condamnation ».

Non, Sire ; non, non. En présence de la mort et de l'éternité, la Reine de France, que nous avons connue si magnanime, si vraie, si sincère, n'a point déposé, ni profané son noble et royal naturel. N'ayant à repousser aucune interpellation désormais périlleuse pour elle-même ou pour autrui, *puisque tout était fini et consommé*, par l'horrible méchanceté des hommes, de quoi pouvait lui servir une tardive dénégation, que rien n'amenait, et ne rendait plausible ou nécessaire !

Ah ! si la Reine, prête à périr, écrivit à sa tendre Sœur, *qu'elle mourait innocente et calme comme Louis XVI*, c'est qu'en effet, ce calme adorable régnait et devait régner dans son cœur.

Si la Reine a mandé à Madame Élisabeth que les tyrans *venaient d'abuser de l'âge et de la signature de son Fils*, pour lui faire commettre un parricide, c'est qu'elle était convaincue de la candeur du jeune Orphelin, et de l'infernale atrocité des juges.

Si la Reine crut confier à votre auguste Sœur que *toute liberté, toute consolation lui étaient ravies* en sa dernière demeure, c'est qu'en effet les oppresseurs l'avaient abreuvée de persécutions et d'outrages jusqu'au dernier moment.

Si notre Reine mourante a déclaré, à la face du ciel et de la terre, *que tous les prêtres fidèles étant massacrés ou proscrits*, elle allait présenter sa vie et sa conscience A Dieu seul, c'est que telle était, dans toute la rigueur du mot, l'étrange captivité de son corps et de son âme.

Sire, les Historiens guidés par l'honneur, sont les avocats des Morts illustres : et les vertus de votre Majesté elle-même auront, un jour, besoin de notre courage et de notre appui. Je me jette à vos pieds, ô le meilleur des Princes! Et je vous supplie d'ordonner que, sur une discussion d'un si grave intérêt, il sera fait incessamment, par vos tribunaux, examen, enquête et justice.


De Votre Majesté,

  Sire,

   Le très-humble, très-obéissant, très-fidèle serviteur et sujet,

    LAFONT D'AUSSONNE,

Auteur de l'Histoire de M<sup>me</sup>. de Maintenon et de la Cour de Louis XIV.

# DÉMONSTRATION

## DU

# DU DERNIER FAUX

## COMMIS PAR LE SIEUR MAGNIN.

La veuve Lebeau, ainsi que je l'ai raconté dans mes *Mémoires de la Reine*, publia en 1817, un Écrit justificatif, où elle s'attacha à démontrer que tous les prétendus *consolateurs* de la Reine captive avaient trompé les familles royalistes, et, vingt ans après, également trompé la Cour, en se disant les généreux fournisseurs du Cachot.

Cet Écrit lumineux prit le titre de Récit Exact; M. Ballard en fut l'imprimeur. Le sieur Magnin ayant su, je ne sais comment, qu'on imprimait cette brochure, accourut chez l'ancienne concierge, retirée à sa campagne de Charenton. Inconnu, jusqu'alors, de la veuve Lebeau, il lui demanda « l'honneur de sa connaissance ». Il parla de *son introduction chez la feue princesse*, et détailla les *secours temporels*, par lui amenés au cachot. Trouvant dans l'ancienne concierge une incrédulité peu déguisée, il se rabattit à dire que tout cela s'était fait *dans le premier et le second mois, sous Richard*. Moyennant cette modification, la vieille convalescente feignit de croire, et ne voulut plus contester avec un homme, qui, dans chaque parole, faisait entrer *son crédit à la Cour*.

Lorsque la brochure où, ( par prudence humaine, on lui consentit une note ambiguë) lorsque cette brochure fut imprimée, le rédacteur-officieux ( aujourd'hui président Desportes ) engagea madame Lebeau à envoyer à M. le Curé du

Louvre un exemplaire d'Etiquette ; et à cet exemplaire on joignit la lettre d'envoi qui suit :

*Je vous prie , Monsieur, d'accepter cet exemplaire de mon ouvrage. A qui puis-je mieux l'adresser qu'à vous, Monsieur, qui avez vu de si près les affreuses privations de notre Souveraine , et sa touchante résignation !... etc. ,* signé veuve *Bault.*

Qui le croirait ! c'est ce compliment *conditionnel ,* cette formule *de confiance ,* qu'après la mort de la veuve Lebeau, ET JAMAIS DE SON VIVANT, le sieur Magnin a osé donner à la Famille Royale et aux Français comme une ATTESTATION de la défunte veuve !! Ne perdons pas de vue un objet essentiel. Que disait l'ouvrage envoyé officiellement au sieur Magnin ? Le RÉCIT EXACT disait alors, comme il dit encore : *Si l'Ecclésiastique est entré chez la Reine , du temps de Richard , je le crois , par respect pour son caractère ; mais cela n'a pas eu lieu de notre temps : nous n'avions pas l'honneur de le connaître.* Voilà comment s'exprimait la Brochure qu'accompagnait le billet dont s'agit. Si la brochure disait formellement *Vous n'êtes pas entré chez la Princesse, du temps de mon mari,* la lettre ou billet d'envoi ne pouvait pas vouloir affirmer le contraire. Cette malheureuse phrase, ( que M. Desportes aurait bien fait de supprimer ) ne signifie donc autre chose que si la prévoyance et la fermeté l'avaient rédigée comme suit : *Je vous prie , Monsieur , de recevoir cet exemplaire de mon ouvrage. A qui puis-je mieux l'adresser qu'à vous , Monsieur, qui nous assurez avoir vu de près les horribles privations et la résignation chrétienne d'une princesse auguste !*

A la louange de M. Desportes, je dois rapporter la circonstance suivante. Voyant l'affliction de madame Lebeau , ce littérateur lui dit ces paroles prophétiques : *Tranquillisez-vous , madame Lebeau , le fourbe sera tôt ou tard découvert ;*

*Dieu suscitera un homme de sincérité et de courage qui dévoilera toute cette iniquité*. (Conversation de la vieille concierge, peu de jours avant son trépas. )

Au reste, en publiant maladroitement le billet suranné de la veuve et de M. Desportes, le sieur Magnin n'a pas songé qu'il le divulguait pour sa propre confusion. Ayant à excuser son long silence à l'égard du Récit Exact, qui le confondait, il a dit, l'année dernière, dans une des notes de son *Comte Robiano* : « La veuve Lebeau publia un Écrit, en » 1817; mais M. Magnin ne l'a connu qu'après la mort de » cette dame, et c'est son fils qui lui en a fait part. » Peut-on mentir aussi largement ! Le billet d'envoi que je viens de réfuter et d'expliquer, prouve que le sieur Magnin reçut le Récit Exact, à l'époque même de sa naissance, c'est-à-dire en 1817. Et c'est pour dépayser son lecteur, qu'il a *totalement* supprimé la date de ce billet, commode et incommode, lorsqu'il a pris le parti de le livrer à l'impression.

Osera-t-il, après cette explication, encore prendre Jésus-Chrit à témoin, dans son église !

*Extrait de l'Almanach des prisons, pour l'an* III
*de la république.*

## LA CONCIERGERIE SOUS ROBESPIERRE.

———

« La première entrée (sur la Cour du Palais) est fermée de deux guichets, placés à trois pieds l'un de l'autre, et tenus chacun par un porte-clé.

» Tous les porte-clés ne sont pas admis indistinctement à l'honneur de ces deux premiers guichets; on choisit les plus vigoureux et ceux qui ont le coup-d'œil le plus subtil. *Il faut*, disent-ils, *avoir de la tête pour de semblables fonctions.*

» Après avoir franchi la première grille, il y en a quatre encore, et vous vous trouvez dans une enceinte toute fermée de barreaux de fer (devant le cachot de la Reine). Lorsque les communications avec le dehors subsistaient, (et elles avaient cessé du temps de la princesse), c'est là que les prisonniers de cette partie voyaient leurs avocats et leurs connaissances......

» Spectacle affreux et déchirant! Ici des époux, un moment réunis, s'attendrissent et fondent en larmes. Là, de malheureux condamnés, repoussés vers le greffe, attendent, les mains liées, qu'on les emporte pour l'échafaud. Un peu plus loin, par une fenêtre, on aperçoit sur un lit de douleur, UNE MALHEUREUSE FEMME, veillée par un gendarme; et qui, la pâleur sur le front, attend le moment de son supplice. Des gendarmes remplissent les intervalles des guichets. Ceux-ci conduisent de nouveaux prisonniers, dont on délie les mains, et qu'on précipite dans un cachot. Ceux-là demandent d'autres prisonniers, pour des transféremens, (ou pour le supplice). Ils les lient et les emmenent, tandis qu'un Huissier, à l'œil hagard, à la voix insolente, donne ses ordres, se fâche, et se croit un héros parce qu'il tyrannise impunément.

» J'ai déjà dit que les énormes chiens jouent un grand rôle dans cette prison. Parmi eux il en est un, distingué par sa taille, sa force, sa férocité, son intelligence. RAVAGE est le nom de ce Cerbère nouveau. Les douze chiens, ses camarades, sont, ainsi que lui, toujours en arrêt.

» Dans la première pièce d'entrée (nommée le Vestibule ou le Grand Guichet) au bout d'une longue table, sur un fauteuil, est le Gouverneur de la Maison, ou bien la respectable Moitié de lui-même, ou bien l'ancien des porte-clés, qui les supplée et les représente en ce cas. On salue profondément ce Chef du lieu, devenu très-considérable par les temps où nous sommes. Quand Richard est de bonne humeur, il sourit ; quand il est morose, il fronce le sourcil : c'est Jupiter qui fait trembler l'Olympe, d'un coup-d'œil.

» De ce fauteuil émanent les ordres pour la police de la Maison ; c'est à ce fauteuil que sont évoquées les querelles des guichetiers entre eux, et des guichetiers avec les prisonniers. C'est à ce fauteuil que les malheureux prisonniers portent leurs humbles réclamations, quand ils ont la faveur d'y être admis.

» Outre le Concierge et son Représentant, il y a dans le vestibule un ancien porte-clé, *qui divague.* C'EST, SANS QUI'L Y PARAISSE, L'INSPECTEUR DES PERSONNES QUI ENTRENT OU QUI SORTENT. Est-il distrait? on entend sortir du fauteuil ces vigilantes paroles : *Allumez le Miston.* (Mot d'argot, qui veut dire : *Regardez l'individu sous le nez*). Le guichetier le répète à ses camarades de service aux grilles. Lorsqu'il entre un nouveau prisonnier, on recommande aux porte-clés d'*allumer le miston*, afin qu'il soit connu généralement, et ne puisse se donner pour étranger. »

## CONCLUSION.

Si l'on n'a pas *allumé le miston* pour le sieur Magnin, en septembre et octobre 1793, c'est qu'il approcha la Conciergerie.... de fort loin. Si l'on *alluma* pour lui *le miston*, ce courageux *Apôtre* est depuis longtemps avec les ombres des martyrs. Et le Magnin du temps présent n'est qu'un effronté, qui se moque de nous et en impose.

## DEMONSTRATION FINALE.

Toutes les personnes qui ont lu mes *Mémoires de la Reine,* ont désiré connaître et voir cette lettre entortillée que répondit, en 1822, le sieur Magnin, lorsque, après avoir examiné sa relation clandestine et subreptice ( à moi remise par lui-même ), je lui mandai « que les contradictions de ce » Récit imprimé, et le démenti solennel de la Princesse dé- » montraient clairement le mensonge du narrateur. « J'ajoutais, avec la même franchise, *que mon Livre parlerait dans ce sens là.* Assurément, c'était bien le cas, ou jamais, de m'opposer le spécieux billet de Charenton, et, mieux encore, LE TÉMOIGNAGE VIVANT de l'ancienne concierge. On se garda bien d'en venir là. Ce *Compliment*-écrit d'une femme épouvantée, circulait *secrètement* auprès des intelligences crédules : mais avec le même soin, avec les mêmes précautions, on laissait ignorer à la veuve Lebeau l'excellent parti que, LOIN D'ELLE, on savait tirer de son billet, devenu UNE ATTESTATION.

De toutes les clartés que j'ai répandues sur cette affaire, la Lettre suivante est le plus fort témoignage, peut-être, que le sieur Magnin et sa complice aient à redouter devant les tribunaux. Ces révérences d'un homme violent et offensé, tout ce vague d'explications, tout ce verbiage énigmatique sont bien le style de l'hypocrisie, s'il y en eût jamais ici-bas.

## « A M. LAFONT D'AUSSONNE, HOMME DE LETTRES.

» Paris, le 12 juillet 1822.

« Monsieur, mes occupations, toujours bien multipliées, m'ont empêché de répondre, aussitôt que je l'aurais désiré, à la lettre que vous m'avez fait l'honneur de m'écrire. Mademoiselle Fouché est trop incommodée *pour vous accorder l'entretien* que vous désirez avoir avec elle. D'ailleurs, elle n'a rien à ajouter à ce que vous savez. Je ne crois pas que ce soit à elle, non plus qu'à moi, à lever les contradictions entre divers Récits (1). Nous avons dit, ( parce qu'on nous a beaucoup sollicités ) ce que nous avons vu, et ce que nous avons fait. La Famille Royale en est instruite : personne n'avait plus d'intérêt à vérifier les faits. S'il vous reste, après cela, des incertitudes, vous prendrez le parti que vous jugerez le plus convenable. Et vous n'oublierez pas que nous avons eu, dans la révolution, un grand nombre de faits certains, qui étaient, cependant, opposés à la vraisemblance, et qu'il y en a d'autres qui ont été écrits d'une manière toute contraire, par divers écrivains.

» Malgré ce défaut de vraisemblance, malgré cette opposition de récits, on a cru les Faits, racontés par gens de bien, ET SUR-TOUT TÉMOINS OCULAIRES.

J'ai l'honneur d'être, Monsieur, avec une considération distinguée,

Votre très-humble, très-obeissant serviteur,
MAGNIN, Curé de la paroisse Royale de
Saint-Germain-l'Auxerrois.

ET DE LA PRÉTENDUE ATTESTATION, PAS UN MOT.

----

(1) Il n'y a jamais eu à cet égard D'AUTRE RÉCIT que celui du prétendu Confesseur, et le Testament sacré de la Reine.

www.ingramcontent.com/pod-product-compliance
Lightning Source LLC
Chambersburg PA
CBHW051330060726

47596CB00004B/1558